AF483030

L'amour conjugal

Ses lois physiologiques. — Son idéal logique

Quelle conception se fait-on communément de l'amour ? « L'amour ! répondent la littérature et la morale courante, l'amour est instinct, nous n'avons pas à lui commander, mais à le subir. » Et forts de cette affirmation sonore, nos contemporains s'autorisent les pires dérèglements et entendent les justifier !

L'Education de l'amour. — Ce qu'elle est.
— Ce qu'elle doit être.

Que l'amour soit instinct dans son essence ? ça n'est pas douteux. Elle est toute spontanée en effet, cette attirance des sexes à l'aube de l'adolescence ; et quand elle se peut observer (ce qui est rare) dans toute sa simplicité,

G.

c'est-à-dire quand aucune influence malsaine n'en hâte l'apparition et n'en pervertit le rythme, son principal caractère est d'être fait plus de douceur que de violence, plus de mystère que de précision. Des adolescents élevés dans une atmosphère de pureté morale intelligente, assistent émus sans doute, troublés peut-être à l'éveil de leurs sens et de leur sentimentalité, mais n'en concluent point qu'ils sont désormais sous l'empire d'impulsions irrésistibles et auxquelles il est contre nature de résister. Rares hélas ! sont les jeunes gens et les jeunes filles qu'une éducation normale prépare à cette saine connaissance de leur vraie nature et du même coup à la maîtrise d'eux-mêmes dans le domaine de l'amour. Car même dans les milieux cultivés, des préjugés séculaires dictent en la matière une étroite pédagogie : on oublie trop souvent que l'homme n'est pas un animal : si, chez nos frères inférieurs, les instincts n'ont qu'à se donner libre cours ou même à s'ignorer pour atteindre leur but naturel sans porter atteinte aux intérêts de l'individu et de

la collectivité, chez nous il en va tout autre-
ment et cela, pour une raison majeure, c'est
que les instincts font à peu près complè-
tement défaut à l'espèce humaine. Si l'on
excepte en effet, la succion chez le nouveau
né, il est aisé de montrer que nos actes en
apparence les plus spontanés sont un jeu com-
biné de l'intelligence et de la sensibilité. Pour
ce qui est de l'amour, l'instinct donne aux
adolescents une orientation vague : ils sentent
au-dedans d'eux-mêmes comme une pous-
sée de sève, éprouvent un désir obscur de vie
amplifiée, mais sans le concours de l'intelligence (éclairée et plus souvent... pervertie par
l'Education au sens large du mot) cette orientation spontanée resterait ignorante de son
objet.

L'amour est malheureusement un enfant
moralement abandonné dès avant sa naissance ! Et cependant, avec quel redoublement
d'attention devrait être préparée et surveillée
l'éclosion d'un sentiment aussi complexe et
primordial. L'amour est puissance de vie.
L'éducation de l'amour n'en est pas moins

dominée tout entière par des influences fermées à toute logique. Bien que la mise en lumière de ces lacunes ne soit pas l'objet principal de cette étude, je ne saurais omettre de les signaler brièvement ; car des facteurs malsains qui président à la formation de l'amour découlent des conceptions erronées ; nos sens commandés par elles ont des appétits désordonnés ; de bonne ou de mauvaise foi nous assimilons ces derniers aux aspirations normales de l'instinct ; ils n'en sont en réalité qu'une perversion.

Ce qui donne à l'instinct masculin le caractère impérieux dont il se réclame, ce ne sont pas les exigences d'une organisation particulière à l'homme, mais bien les suggestions d'une imagination dévoyée. « Parce qu'on enseigne aux enfants, dit Obici, que toute connaissance dans ce domaine qui leur est fermé, est un péché, ils appliquent tous leurs soins à cacher leurs étranges sensations nouvelles ; ils ne pourront résister à laisser errer leur imagination autour d'un problème qui les intéresse d'aussi près, les excite et ils arrangeront de leur mieux leurs notions incomplètes en tentant de répondre à leurs désirs vivaces par de malsaines satisfactions ».

Santé et Chasteté

Ce premier mensonge de l'éducation doit être rendu responsable de tous les errements de la jeunesse et... de l'âge mûr. Il sert de base à ce préjugé qui désormais se formera dans les esprits, à savoir que l'amour est une puissance tyrannique, à laquelle on ne peut ni on ne doit se soustraire.

Certaines natures que rebutent d'instinct les louches compromis de l'amour vénal, ne se rallieront pas sans discuter à cette « morale », toute *a priori*. Mais on leur affirme qu'à réprimer certaines inclinations, ils font courir à leur santé physique et intellectuelle les plus grands risques, que la chasteté mène à la folie, qu'ils doivent, en conséquence, vivre leur vie et ne laisser inactive aucune de leurs cellules ! Retentisse là-dessus le clairon de certaine littérature pseudopsychologique qui, méconnaissant l'homme sain et n'ayant de tendresse que pour le névrosé, exalte les droits de l'amour dont elle ignore les lois véritables ? Que faudrait-il encore pour fausser le jugement des jeunes, dévoyer leur imagination et détraquer leur sensibilité ? Ainsi prend naissance le double conflit de la moralité et de l'amour, de la moralité et de la santé.

Ai-je besoin de dire que la science médico-psychologique la plus autorisée a réduit à néant de pareilles assertions ? Pour ceux de mes lecteurs qui l'ignoreraient, j'affirme hautement ici, que la chasteté la plus absolue avant le mariage et après quand le commandent certaines circonstances, est compatible tant chez l'homme que chez la femme avec une parfaite santé physique et morale et que les accidents nerveux ou autres qu'un public mal informé met sur le compte de la chasteté, relèvent de causes qui lui sont tout à fait étrangères (1).

(1) Nous renvoyons le lecteur désireux de se documenter scientifiquement sur ces questions à notre étude « De la Pureté Rationnelle » (Maloine éditeur, 0 fr. 50).

Morale sexuelle et vie conjugale

Du point de vue social, les conséquences de ces préjugés sont connues et, il faut bien le dire, de plus en plus déplorées et flétries ; la prostitution clandestine ou réglementée et ses institutions corollaires (Traite des Blanches, Police des mœurs), sont l'objet d'attaques et de mesures législatives qui honorent grandement le mouvement sociologique contemporain. Mais, du point de vue conjugal, la doctrine de « l'amour-nécessité », donne lieu à des désordres qui, pour être moins bruyants que les précédents, n'en sont pas moins pernicieux. Ils s'opèrent en outre sous le couvert de la légalité d'un contrat et ne revêtent pas toujours aux yeux de ceux qui s'y adonnent, le caractère antinaturel et immoral qui cependant leur est propre.

Lorsque l'amour physique est considéré par l'homme comme une nécessité vitale, un droit imprescriptible, le mariage monogamique et *sans fraude*, ne saurait être l'expression logique de l'amour. Car la grossesse, les maladies possibles, bref, toute cause d'affaiblissement physique pour la femme, sont autant de circonstances qui imposent à un mari délicat une chasteté de durée parfois longue. S'il ignore que la maîtrise des sens, chaque fois et aussi longtemps que l'exige le respect de soi-même et d'autrui, est chose conforme à la physiologie masculine, il n'a le choix qu'entre deux solutions, ou tromper sa femme, ou la violenter. L'une et l'autre se passent de commentaires. Il en est une troisième à laquelle s'arrêtent des gens par ailleurs fort recommandables ou jouissant du moins de la considération générale ; j'ai nommé le *néomalthusianisme*, mais outre qu'il pèche par la base en s'inspirant du principe faux de « l'amour-nécessité physique », il ne résout nullement la question sous le rapport de l'hygiène et du progrès social. *Il fait des victimes :* elles plaident contre lui ; ces victimes, ce sont : la *Patrie* dont le capital humain — par cette stérilité volontaire — est chaque jour diminué dans des proportions telles qu'on peut sans exagération parler de suicide national. Ce sont *les enfants*, les rares enfants qui naissent et auxquels nous léguons une hérédité morale déplorable.

Vient ensuite et surtout : *la santé des femmes*. Le néomalthusianisme se taille un succès facile quand, exaltant le droit à la maternité librement consentie, il représente les dangers très réels que font courir à la femme des grossesses trop rapprochées. Mais il se garde bien de dire toutes les misères que préparent à l'organisme féminin les artifices employés pour empêcher la conception. Ce sont, avec la *nervosité* consécutive à l'abus d'un acte qui n'a pas que le plaisir pour but, *les déviations utérines, des tumeurs, des inflammations locales* (métrites), des intoxications parfois dangereuses. Ce sont enfin tous les risques de l'avortement criminel ; on sait que ses suites peuvent être mortelles ou que, en cas de survie, les femmes se voient souvent atteintes d'interminables et déprimantes infirmités. Ces considérations devraient faire réfléchir ceux ou celles qui prêchent « la grève des ventres » et la pratique de cet amour truqué.

L'amour est fait de spontanéité, d'abandon, de consentement réciproque ; il aime le mystère et le silence. Le néomalthusianisme y introduit un élément de calcul, de trouble, d'artifice ; il est une profanation de l'amour ; et si de telles pratiques ne répugnaient pas à notre sens moral, elles devraient répugner à notre sens esthétique, à nous français qui nous piquons d'en avoir.

Oh ! je le sais, il y a le point de vue économique ; le faible taux des salaires pose trop souvent la question du pain, et la question du pain celle des enfants. Le conflit est douloureux, insoluble souvent et je ne me sens pas le droit de faire des objections à un ouvrier qui me dirait (il en est d'ailleurs qui me l'ont dit) : « Docteur, je gagne 3 fr. par jour, ma femme 20 sous. Comment voulez-vous que j'élève une famille. Je ne veux pas mettre au monde des enfants pour les voir souffrir, manquer de lumière, d'air et de nourriture ! »

L'argument, dans l'état social actuel (vie chère, absence trop fréquente d'idéalisme), est sans réplique et le patronat de la grosse

industrie qui, par un salaire dérisoire et la
non participation aux bénéfices, frustre ses
collaborateurs ouvriers de la juste part de
bien-être à laquelle ils auraient droit, encourt
en pareil cas de terribles responsabilités. Mais
il n'en demeure pas moins vrai que, en prê-
chant à la classe ouvrière les doctrines avi-
lissantes du néomalthusianisme, on sollicite
en elle des instincts inférieurs et on la conduit
au déréglement des sens, amoindrissant pour
tout l'être. Ça n'est pas ainsi qu'on lui pré-
parera une ère de bien-être et d'émancipation.

Vie conjugale et ignorance sexuelle.
Hérédité, Maternité

D'ailleurs, dans ces viles pratiques ne réside
pas tout le mal. De braves gens les ignorent
ou n'y souscrivent pas, mais, imbus néan-
moins du préjugé que l'amour est une nécessité de tout point comparable au besoin de
manger (1), ils n'apportent pas dans l'amour

---

(1) Voir dans la « Pureté Rationnelle » au chapitre :
Psychophysiologie de l'Instinct sexuel » les considérations relatives à la vraie nature du Besoin sexuel.

tout le discernement nécessaire. L'amour est un droit, c'est entendu. Il est même un devoir puisqu'il perpétue la race, fonde la famille et qu'en outre, par les joies goûtées en commun, il resserre entre époux les liens de l'affection réciproque, mais il est un droit qui s'arrête — comme tous les droits — là où commence le devoir de ne léser personne. Ce qui garde à l'union des corps sa noblesse et sa fraîcheur, c'est la présence de l'amour non de la passion. La passion est aveugle, égoïste, parfois cruelle. L'amour fait de tact, de bonté, garde la pleine conscience des responsabilités immédiates ou lointaines qu'il engage. Des époux « *passionnés* » n'ont cure de leur descendance et s'unissent sans discernement et sans mesure, au gré de leurs impulsions. Des époux « *qui s'aiment* », ne songent à perpétuer la vie qu'aux jours de belle et robuste santé et sont respectueux du repos l'un de l'autre quand ce repos s'impose pour l'un d'entre eux.

Son bon sens et son cœur dit au mari que sa femme veut être respectée lorsqu'elle est sous le coup des phénomènes physiologiques mensuels propres au sexe féminin.

Il en va de même vis-à-vis de la *femme enceinte* à qui, tant pour elle-même que pour son enfant, tout choc physique et moral peut être préjudiciable (fausses couches).

Le devoir d'abstention s'impose encore quand une santé délicate contrindique momentanément la grossesse. En règle générale, même pour une femme bien portante, un espace de 15 mois à 2 ans au moins, doit séparer les naissances ; et l'on ne devrait pas voir des mères de famille succomber au surmenage provoqué par des grossesses trop rapprochées.

Amour et Personnalité morale.

On ne se met pas assez dans l'esprit, avant les justes noces, que la vie conjugale est une vie d'amour, non de sensualité déréglée. L'homme, si fier à juste titre des victoires chaque jour remportées par lui sur les forces aveugles de la nature, devrait mettre tout son honneur à ne pas faillir dans la sphère où s'exerce au plus haut point sa faculté d'aimer ! D'ailleurs, à cette maîtrise de lui-même, sa personnalité intellectuelle ne peut que s'enrichir très directement. C'est surtout aux dépens du système nerveux que s'exerce l'activité des organes générateurs. Si la mesure est dépassée, l'intelligence perd à ce jeu de sa vivacité et de sa puissance. L'amour lui-même s'émousse, se vulgarise et s'éteint. Ninon de Lenclos, dans une boutade restée célèbre et marquée probablement au coin d'une trop authentique expérience, donne un avertissement plein de sens : « L'amour, dit-elle, ne meurt jamais de faim, il peut mourir d'indigestion. »

L'amour digne du nom d'amour n'ignorera pas ce devoir intellectuel. Les grands travailleurs intellectuels sont presque toujours des chastes. Il semble que l'esprit s'enrichisse des économies du corps.

Ces considérations doivent, aux yeux de tout homme et de toute femme, ériger la modération en règle intangible.

Dans la pratique, cet équilibre idéal ne sera

pas toujours atteint. L'un des époux peut n'être pas doué de la même sensibilité ou de la même élévation morale que son conjoint. Des conflits délicats et terribles peuvent surgir qui menacent la stabilité de plus d'un foyer. Je ne puis me livrer à l'analyse des cas particuliers. Le sens moral et le cœur de chacun, un avis médical parfois, peuvent seuls les résoudre en fixant la nature et la limite des concessions permises. Disons simplement que, indépendamment de la procréation qui est sa fin physiologique, l'acte sexuel possède en lui-même la valeur qui s'attache à toute manifestation de l'activité humaine, tant qu'elle n'excède pas les limites assignées par la nature et n'utilise pas des procédés répudiés par la conscience.

Je m'adresse aujourd'hui à une élite de parents et d'éducateurs et je les mets en présence d'un Idéal. Cet Idéal dont la génération présente ignore à peu près tout, celle de demain peut le faire sien, si nous l'initions avec méthode, tact et fermeté aux « choses graves » de l'amour et qu'à ses regards con-

fiants nous offrions le spectacle de foyers irré-
prochables.

L'amour ainsi compris est une perpétuelle
conquête de soi-même. Il implique sans con-
tredit des sacrifices, mais loin d'amoindrir la
personnalité, ces sacrifices l'enrichissent ; et
les ornements sculptés dans l'âme des pères
ne pourront que s'épanouir avec plus de per-
fection dans celle des enfants. Le jour où
nous saisirons l'étendue et la beauté de nos
responsabilités à l'égard de l'enfant, nous
aurons banni de l'amour toute laideur parce
que dans l'amour, nous verrons l'enfance qui
nous appelle et qui nous juge.

S'aimer d'un amour vraiment conjugal,
s'aimer d'amour, c'est vivre dans une harmo-
nie telle que le mariage soit jusqu'aux pro-
fondeur de l'amour lui-même, la mise en
commun de toutes les joies, de toutes les
espérances et de tous les sacrifices. « La mise
en commun de toutes les joies et de tous les
sacrifices. » C'est ainsi que le code français
définit le mariage. Soyons simplement de bons
Français.

Cahors et Alençon, imprimeries A. Coueslant. — 17.159